NOTICE

SUR LA CONSPIRATION DE L'AN V.

Depuis près de deux siècles les efforts de la philosophie tendaient à nous révéler l'étendue de nos droits, trop long-temps méconnus. Le 18.ᵉ siècle devenait l'époque de notre régénération politique ; des torrens de lumières versés sur la charte immortelle des droits de l'homme, dissipaient les ténèbres que le despotisme avait amoncelées sur elle : mais les succès de la raison raniment le fanatisme politique et religieux ; il réunit toutes ses ressources pour comprimer les élans de la liberté ; et l'Angleterre, qui avait si long-temps lutté contre elle en Amérique, s'empresse d'en étouffer les germes transplantés en Europe et déposés dans le sein de la France. Elle forme le congrès de Pilnitz ; elle allume les torches de la Vendée ; elle secoue au 31 mai les brandons de la guerre civile : l'anarchie et la terreur sont à ses ordres, et cachent leurs sanglans attentats sous les formes de la liberté.

Moteur invisible de tous les désordres de la République naissante, ce n'est point pour la maison *d'Orléans* que le cabinet de Saint-James veut relever le trône renversé ; ce n'est point la Constitution royale qu'il veut rétablir ; ce n'est point le territoire français qu'il veut envahir (il ne pourrait le conserver) : mais il veut détruire une rivale, dont les puissantes ressources mettent des bornes à son ambition.

Nos brillantes manufactures excitaient depuis long-temps sa jalousie. Avignon, Nîmes et Lyon sont successivement le théâtre de la dévastation.

La nature, en ouvrant à l'industrie française des ports sur l'Océan et sur la Méditerranée, nous avait appelés

A

au commerce des deux mondes ; et déjà la liberté, d'accord avec elle, nous assurait cette brillante destinée...... Nos ports sont aussitôt incendiés ou menacés de l'être ; Toulon voit exécuter, sur son arsenal, un crime atroce tenté sur le port de Brest dès les premiers jours de la révolution.

Les départemens du Golo et de Liamone ne sont envahis que pour être dévastés.

Nos colonies sont la proie des flammes.

Paris, le berceau de la révolution, s'arme lui-même pour la détruire.

Rappelez-vous, Français, les continuelles tentatives de l'Angleterre pour retarder la mise en activité de la Constitution de l'an 3...... Rappelez-vous la ténacité de cette implacable ennemie, dont les agens se retrouvaient sous toutes les bannières.

A peine les esclaves de la tyrannie royale et sacerdotale qu'elle soldait au milieu de nous, sont-ils réduits à l'impuissance, que l'on voit paraître les misérables sectateurs *du bonheur commun*.

Ses nouveaux complots sont découverts.

Quelques-uns des agens royaux sont signalés : mais les aveux précieux de *Brottier* et *Lavilleheurnois* décèlent en vain une partie des ressorts qui faisaient mouvoir deux factions opposées, et, cependant tendant sans cesse au même but (le renversement du régime constitutionnel de l'an 3), les agens patentés de Louis XVIII trouvent des protecteurs dans les tribunaux et au sein de la Représentation nationale ; on veut leur assurer un triomphe éclatant, et faire du temple même de la justice et des lois le théâtre de leurs succès.

Jamais époque fut-elle plus menaçante pour la liberté !... Le peuple, livré à une fausse sécurité, s'unissait à ses ennemis pour anéantir son propre ouvrage : une abondance factice faisait couler en France l'or et l'argent ; les bals, les glaciers, les fêtes, les waux-halls de tout genre, étonnaient Paris par leur splendeur et couvraient de fleurs l'abîme où nous étions entraînés. . .. C'était l'Angleterre qui créait au milieu de nous cette abondance factice et qui salariait les agens de la contre-révolution qu'elle méditait.

Le coupable est presque toujours celui à qui le crime profite ; et le vrai républicain, fidèle observateur des grands événemens, avait deviné depuis long-temps quels étaient la source et le but de tant de prodigalités ; mais les preuves matérielles lui manquaient pour dresser l'acte d'accusation des grands coupables. . . . . Ces preuves sont successivement arrivées ; et l'on peut aujourd'hui en mettre quelques-unes sous les yeux des hommes im-partiaux ; on peut découvrir un de ces canaux secrets, qui firent couler en France le prix de tant de trahisons.

Il faut qu'on sache que la même main qui solda les troubles de vendémiaire, est aussi celle qui a salarié les accusateurs d'une armée triomphante en Italie.

Il faut qu'on sache qu'un banquier de Genève a été seul chargé, pour sa part, de verser un million à Paris vers la fin de l'an 4 et pendant le cours de l'an 5.

Il faut qu'on sache que ce banquier était l'agent et l'ami de *Wickam*, de ce ministre astucieux qui, du sein d'une République voisine et alliée, assembla si long-temps sur la France les orages et les tempêtes qui ont retardé sa régénération.

Wickam avait long-temps habité Genève. Il a vécu pendant long-temps à Bâle, dans la plus grande intimité avec *Barthelemi*, ce lâche protecteur des émigrés français qui infestaient la Suisse.

C'est de Bâle et de Genève que ces deux hommes dirigèrent ensemble ou séparément les efforts des conspi-rateurs de l'an 5.

Wickam avait épousé une Genevoise, et il avait pour ami, et même dit-on pour allié, un banquier genevois nommé *Jacques Martin*, qui lui parut utile à ses desseins. Cet homme vivait assez ignoré à Genève ; mais des liai-sons de famille dans différentes places de commerce, le rendirent très-précieux à *Wickam* : il fut d'abord le dépositaire des fonds de cet agent du cabinet britannique : il le devint bientôt de ses secrets.

Wickam projette, en l'an 4, d'opérer le renversement de l'ordre établi en France. Il envoie à cet effet *Jacques Martin* à Londres ; celui-ci revient avec des instructions et des assurances de tout genre.

Wickam lui adjoint un émigré... Ce noble *trio*, fidèle au mandat du cabinet de Saint-James, convient de cacher sous les apparences d'un commerce qui n'existe pas, la véritable destination de l'or que l'Angleterre va verser par ses mains.

Wickam reste à Bâle et *Martin* à Genève.

L'émigré vient à Paris, où, pour échapper à la surveillance, il multiplie les rusés et les déguisemens ; il s'établit chez une actrice nommée *Mayer*, retirée du théâtre Feydeau ; il prend successivement les noms de *Louis Bayard*, de *Villars*, de *Louis Charles*, de *Louis Vincent*, de *Tasenaisse*, de *Henri Martin* et de *Ponthou*.

C'est sous ces quatre dernières dénominations, que *Jacques Martin* de Genève, comme banquier de *Wickam*, lui ouvre à Paris un crédit considérable dans la maison d'un nommé *Audéoud*, banquier. C'est sous le nom de *Louis Bayard* qu'il lui fait remettre d'abord, par cet *Audéoud*, une somme de 20,000 francs qui lui sert à former, sous le nom de la femme *Mayer*, un établissement de restaurateur rue de la Loi.

Là, des conspirateurs ardens se réunissent.

On voit paraître à leur tête *Dandré* l'ex-constituant, ce créateur de la dénomination de *sans-culotte*, qui cachait sous des formes grossières l'esprit le plus adroit. Audacieux émigré, infatigable athlète de la contre-révolution, il ne se montre que dans les grandes crises : après avoir joué le rôle le plus actif en vendémiaire, il s'arme de l'indulgence du Gouvernement, pour reparaître à la faveur d'une radiation provisoire, et s'unir aux conspirateurs de l'an 5 ; il figure au milieu d'eux chez la femme

(5)

Mayer et *Vincent ;* autour de lui se groupent les nommés

Morin , maître des requêtes, qu'on n'est point encore parvenu à découvrir ;

Esther Déléon , médecin, fixé alors à Paris ;

Le banquier *Audéoud ;*

Franc , beau-frère de *Dandré ;*

Jouve de Roquevaire , employé dans la liquidation des transports militaires ,

Et un frère de *Vincent ,* connu sous le nom de *Charles.*

La maison de la femme *Mayer,* ainsi composée , et entretenue par l'argent que *Jacques Martin* faisait remettre de la part de *Wickam* à *Vincent* par l'entremise d'*Audéoud,* pouvait exister long-temps : mais les habitués crurent être surveillés ; ils se dispersèrent.

L'actrice prit la fuite, et courut rejoindre *Vincent ,* qui déjà s'était rendu auprès de *Wickam.*

Celui-ci possédait la seule recette qui peut rendre aux lâches un courage momentané.

Une nouvelle distribution d'argent ranima l'activité des conjurés et renoua les fils de l'intrigue que la peur avait brisés.

Cependant *Audéoud,* après avoir compté à *Vincent* jusqu'à la concurrence de 181,000 francs, parut craindre de se trouver compromis ; il discontinua de fournir des fonds . . . . . . Mais à cette époque il n'était pas difficile de trouver des traîtres pour le remplacer.

Wickam et *Martin* envoyèrent des remises que *Jouve* et *Franc* reçurent sous leur couvert et passèrent à *Vincent,* moyennant une rétribution.

C'est par ce nouveau canal que les fonds arrivèrent à Paris jusqu'au 18 fructidor. Cette journée déconcerta tous les projets.

Wickam fut rappelé par ses maîtres ;

Ses sous-agens en France furent dispersés ;

Vincent et la femme *Mayer* cherchèrent un retraite à Londres ; mais devenus inutiles, ils furent abandonnés.

Vincent et la femme *Mayer ,* après avoir vendu, pour

A 3

vivre, garde-robe et bijoux, demandèrent de l'argent : on leur fit expédier un passe-port, et quelques guinées qui leur servirent à revenir à Paris. Ils y restèrent quelque temps ignorés : la police fut avertie de leur retour, et l'on prit des mesures pour les faire arrêter ; mais au moment où l'on allait saisir *Vincent*, il s'élança de sa croisée sur un toit voisin, et disparut.....

La femme *Mayer* fut arrêtée ; Jacques *Martin*, *Audéoud*, *Franc*, *Jouve* et *Déléon*, désignés par l'instruction comme ayant été les complices de la conspiration, ont été successivement frappés de mandats d'amener.

Deux déclarations de la femme *Mayer*, un registre saisi chez *Jacques Martin*, et les interrogatoires, ainsi que les papiers trouvés chez divers individus, ont établi contre chacun d'eux des préventions plus ou moins fortes de manœuvres et d'intrigues criminelles concertées avec le Gouvernement *anglais* pour anéantir en l'an 5 la Constitution française de l'an 3.

Il n'est pas inutile de faire connaître ici quelle part plus ou moins grande chacun des prévenus paraît avoir prise à cette œuvre contre-révolutionnaire.

Jacques Martin paraît devoir son établissement de banque à *Wickam*, pour être le négociateur des remises destinées à la contre-révolution. On ne sait pas quelles ont pu être ses relations avec les prévenus avant l'an 4 ; seulement tout porte à croire qu'il a connu à Genève *Audéoud* et la femme *Mayer*, qui ont habité cette ville pendant long-temps.

Il est constant que, vers la fin de l'an 4, après s'être concerté avec son ami *Wickam*, il a fait un voyage de quelques mois à Londres. À son retour, vers la fin de brumaire an 5, il écrit à la maison *Doxat et Divelt*, banquiers à Londres, qu'il lui fera, sous peu de jours, une remise un peu forte sur lord *Grenville*.

Le 9 frimaire, il effectue cette remise pour 2,192 liv. sterling (environ 53,655 francs argent de France).

Le 16 du même mois, il propose à la maison *Audéoud*

à Paris, de tirer sur *Doxat et Divelt*, de Londres, pour cinq à six cents pièces d'or au cours de 24 francs 50 centimes ; mais, par *post-scriptum*, il rétracte cet ordre, par des raisons, dit-il, assez plausibles : ces raisons étaient que *Louis Vincent* était venu trois fois chez lui sans le rencontrer ; et ils n'avaient pu convenir des moyens les plus sûrs pour verser à Paris les fonds de *Wickam*.

Quelque temps après, il ouvre à *Vincent* un crédit de 2,000 pièces d'or sur la maison *Audéoud*.

Le 26 frimaire, *Vincent* se plaint de n'avoir pas reçu l'annonce de ce crédit, et craignant que la lettre qui lui était adressée n'ait été interceptée, il prend le nom de *Tassenaise*.

Le 16 nivôse, *Vincent* fait une première traite de 120,000 francs.

Le 1.ᵉʳ pluviôse, nouvelle traite de *Martin* sur lord *Grenville*, pour la somme de 2,000 livres sterling.

Le 4 ventôse, *Martin* élève à 4,000 pièces d'or le crédit de *Vincent*, et par *post-scriptum*, il dit à la maison *Audéoud* de tirer sur lui dans Lausane, au domicile de MM. *Marcel*, *Carrard* et compagnie.

Pour porter un jugement certain sur cette opération, que l'on essaiera peut-être de présenter comme une opération commerciale, il est bon d'observer qu'elle coûtait $4\frac{1}{2}$ pour cent de perte, sans compter l'achat des louis, et l'intérêt des sommes dont *Martin* était en avance avec la maison *Audéoud*.

Le style de la lettre de *Martin* lorsqu'il annonce à *Vincent* son nouveau crédit, ne peut laisser aucun doute à cet égard.

« Vous pouvez vous présenter (lui dit-il) chez
» MM. V. F.ᵒⁱˢ *André* et compagnie (*Audéoud était alors*
» *associé de cette maison*), qui accepteront vos offres jus-
» qu'à la concurrence de 4,000 louis, que je passerai
» en compte de notre ami Bernois.......»

(Cet ami *Bernois* était *Wickam*.)

Le 18 ventôse, les élections approchaient ; le crédit

de *Louis Vincent* est porté à 20,000 pièces d'or ; *Martin* fait une nouvelle traite de 6,000 livres sterling sur lord *Grenville*.

Le 4 germinal, *Martin* écrit à *Vincent* : *Notre correspondant n'est pas en Suisse en ce moment ; je crois qu'il est à Francfort.*

En effet, *Wickam* était à cette époque à Francfort : il y a passé un mois.

Martin dit encore à *Vincent* dans la même lettre :

« Comme j'ai besoin de nouveaux éclaircissemens de
» sa part (de la part de *Wickam*), je vous prie de ne
» faire aucune disposition avant que j'aie reçu réponse :
» veuillez me dire si les remises que vous me demandez
» pour les C.^{ens} *Jouve* et *Franc*, doivent être envoyées
» à votre adresse accoutumée. »

Tout est à remarquer dans cette lettre : on venait de mettre en jugement *Brottier* et *Lavilleheurnois*. — Il fallait donc que *Vincent* attendît les instructions demandées par *Martin* à *Wickam*.

On voit aussi que *Vincent* avait plus d'une manière de recevoir les fonds de l'Angleterre.

Le 15 germinal, *Martin* fait une nouvelle traite de 6,000 livres sterling sur lord *Grenville*.

Le lendemain il fournit à *Vincent*, sur divers, 35,090 francs 65 centimes ; et il ajoute :

« Je dois vous avoir marqué, de même que mon
» commanditaire, qu'on avait fait les fonds aux fabri-
» cans et que vous deviez suspendre vos traites. »

C'est-à-dire que les électeurs étaient nommés. C'est à cette époque que les fonds passèrent moins à découvert.

Selon la lettre du 4 germinal, ils devaient être adressés à l'avenir à *Jouve* et *Franc* ; et ils le furent en effet, car le 24 floréal *Martin* écrit à *Jouve* chez madame *Durville*, qu'il n'a pu comprendre, dans un précédent envoi du 18, une lettre-de-change qu'il lui fait passer.

Wickam continuait ses libéralités, et *Martin* faisait de nouvelles traites sur lord *Grenville*.

On en découvre une, en date du 10 thermidor, qui est de 2,000 livres sterling : le produit en est versé à Paris sous le nom de *Henri Martin*, et sous le couvert de *Franc*, rue du Bouloy, n.º 43.

Le premier de ces envois à Paris est du 24 thermidor, et de 48,000 francs.

Le second est du 30 thermidor, et de 51,000 francs.

Dans la lettre d'envoi à *Franc*, on remarque ces mots : « Mon ami *Lombard* m'a chargé de vous tenir compte » de 2,000 livres sterling. »

(L'ami *Lombard* était encore *Wickam*).

Le 10 fructidor, *Jacques Martin* envoie encore à Paris 2,998 francs à l'adresse de *Ponthou*. (*Ponthou* était *Vincent*.)

Le 15, nouvel envoi de 6,327 fr. à *Henri Martin*.

HENRI MARTIN était toujours *Vincent*.

Les besoins augmentent; *Martin* tire de nouveau sur lord *Grendville* une somme de 6,000 livres sterling.

A cette époque, un des agens de *Wickam* en France, propose à *Martin* d'ouvrir un nouveau crédit aux agens de l'Angleterre, dans une maison de banque à Paris, et il lui demande une personne sûre qui pût tenir un bureau de diligence.

Martin applaudit à cette idée, qui doit avoir des succès, « vu (dit-il) les rapports commerciaux entre la Suisse » et l'Angleterre. »

Ainsi les intérêts de notre perfide rivale étaient toujours l'objet de cette criminelle association.

Le 18 fructidor vint mettre fin à ces trames perfides. La nouvelle en parvient à *Martin*, et il écrit aussitôt à l'un de ses correspondans : « Il convient de *se* mettre en » panne. »

Il fallut bien prendre ce parti; et jusqu'à des temps plus heureux, tous rapports cessèrent entre les vils courtiers de la contre-révolution.

D'après les détails dans lesquels on vient d'entrer, il est clair que *Jacques Martin* et *Audéoud* ont servi fructueusement les projets de *Wickam*, en versant des fonds considérables dans les mains du conspirateur *Vincent*.

Audéoud prétendra peut-être que s'il a été en relation d'affaires avec Vincent, *ce n'a été que par le canal de* Jacques Martin, *correspondant de sa maison ; qu'il n'a jamais été instruit de l'emploi des fonds qu'il fournissait à* Vincent, *et qu'il a ignoré de quelle source ils provenaient ;* il dira n'avoir vu dans cette opération que le résultat ordinaire d'affaires commerciales !

On opposera à cette défense un raisonnement fort simple.

On lui demandera d'abord pourquoi, après avoir fourni à *Vincent* la somme de 181,000 francs, il a cessé d'acquitter ses traites sur *Martin*. On lui demandera s'il a été guidé, dans cette circonstance, par la délicatesse ou par la circonspection. S'il invoque la délicatesse, on lui répondra que ce sentiment chez lui est né bien tardivement ; s'il prétend avoir agi par circonspection, on lui répondra qu'il n'était pas à découvert au moment de la rupture, parce qu'il est prouvé qu'à cette époque *Martin* se trouvait en avance avec lui.

Dans tous les cas on demandera aux banquiers *Martin* et *Audéoud*, si *Vincent*, qui n'avait point de maison à Paris, qui vivait et logeait avec une actrice, qui ne présentait aucun caractère de responsabilité sociale ou commerciale, ne devait pas leur inspirer la plus juste méfiance, surtout lorsqu'il changeait de nom presque tous les mois.

Je ne prolongerai point cette discussion : les tribunaux et l'opinion publique sont là pour prononcer, tant sur les auteurs que sur les complices et instrumens des manœuvres corruptrices employées en l'an 5 pour opérer l'anéantissement de la République et la destruction des républicains.

Il faut ranger dans la classe de ces misérables complices, *Franc*, *Jouve*, *Deléon* et la femme *Mayer*.

Franc et *Jouve* ont reçu et distribué les remises que *Wickam* envoyait à *Vincent*.

Deléon n'a cessé de fréquenter le repaire des conspirateurs tant qu'il exista : les déclarations de la femme *Mayer* établissent contre lui une forte prévention de complicité : ses liaisons avec *Dandré*, et sur-tout avec *Lemerer*, dont on a trouvé l'écharpe précieusement conservée chez lui jusqu'au moment de son arrestation, ne permettront jamais de le considérer autrement que comme le confident et le complice des conjurés.

Quant à la femme *Mayer*, dont les déclarations ont jeté un grand jour sur cette affaire, il résulte de ses aveux, qu'elle a connu et favorisé les projets des conjurés ; qu'elle a vécu pendant deux ans dans la plus grande intimité avec l'émigré *Vincent* ; qu'elle l'a suivi dans ses voyages en pays ennemi ; qu'en un mot elle est restée constamment associée à cet agent de l'Angleterre, jusqu'à l'instant où il est disparu.

Quelle que soit la décision des tribunaux, rien ne peut affaiblir cette vérité littéralement démontrée, que *Wickam* a versé en France des sommes considérables, pour préparer la contre-révolution, que la journée du 18 fructidor an 5 a fait échouer.

L'insigne et constante mauvaise foi des ennemis de la liberté essaiera peut-être encore de révoquer en doute l'évidence de ces faits, qui ajoutent un nouveau caractère d'authenticité à la conspiration de l'an 5 ; mais qu'importe l'opinion des partis ! celle des hommes sages, celle de la postérité placera dans l'histoire ce développement des causes secrètes qui ont amené l'une des crises les plus alarmantes de la révolution.

Les amis sincères de leur pays, les vrais républicains, ne négligeront pas cette observation importante, que nos agitations politiques, quels qu'en soient le prétexte et les instrumens, ont été et seront toujours provoquées, fomentées par l'or corrupteur de l'Angleterre, qui ne peut nous attaquer que par nos divisions.

Ils sentiront enfin la nécessité de se rallier fortement à la Constitution, et de réunir tous leurs moyens pour imposer silence aux factions, et forcer nos ennemis à recevoir la paix qu'ils ont refusée.

À PARIS, DE L'IMPRIMERIE DE LA RÉPUBLIQUE.
Prairial an VII.